LUI SEUL

EST SOUVERAIN

CAUSERIE

MARSEILLE

IMPRIMERIE ET LITHOGRAPHIE Vᵉ Pᵗᵉ CHAUFFARD

RUE DES FEUILLANTS, 20

—

1874

LUI SEUL EST SOUVERAIN

LUI SEUL

EST SOUVERAIN

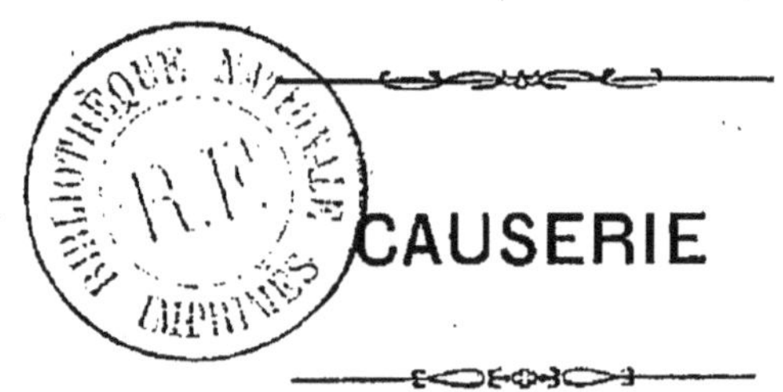

CAUSERIE

MARSEILLE

IMPRIMERIE ET LITHOGRAPHIE Ve P^{re} CHAUFFARD

RUE DES FEUILLANTS, 20

1874

LUI SEUL

EST SOUVERAIN

Εἰς κοίρανος ἐστω.
Iliad. II. 204.

Trop de chefs vous nuirait ; qu'un seul homme ait l'empire.
Vous ne sauriez , ô Grecs, être un peuple de rois ;
Le sceptre est à celui qu'il plut au ciel d'élire
Pour régner sur la foule et lui donner des lois.
Iliad. II, 204.

C'est à vous de plus en plus que j'ai résolu de m'adresser, ouvriers ! Formez-vous en cercle autour de moi. Je veux vous donner l'explication d'une parole sur laquelle Henri V a déjà intentionnellement appuyé deux fois.

Pourquoi lui, qui ne dit jamais rien de trop, a-t-il tout dernièrement encore renouvelé cette déclaration : « Je ne vous ai jamais trompés et je ne vous tromperai jamais ? (1) »

(1) Lettre-manifeste de Salsbourg.

C'est parce que vous avez été trompés, et l'êtes encore aujourd'hui.

Comment l'avez-vous été? Le voici. Quelques mots suffiront à vous faire connaître la grossièreté du piége, auquel vous vous êtes laissé prendre héréditairement.

Au paradis terrestre, — vous l'avez appris sur les genoux de votre mère, — un mot trompa Eve. Au pied de l'arbre du bien et du mal, l'antique serpent, dans sa langue séduisante, dit à nos premiers parents cette parole, qui les perdit avec leur race : « Vous serez comme des dieux! » et sur ce, Eve mordit à la pomme.

Le mot qui, sur le terrain politique, a perdu vos pères et vous, amis, c'est celui-ci, tombé comme autrefois le premier de la langue sibilante de l'éternel ennemi : « Vous êtes le peuple souverain! »—Et sur ce, vous avez mordu à l'hameçon.

L'heure de se reconnaître a sonné. Il faut se déprendre une fois pour toutes du mot trompeur.

Hélas ! depuis la fastique date de 1789, nous sommes tous plus ou moins les victimes des mots. Une phraséologie creuse et sonore, gonflée de vent révolutionnaire, a remplacé les grands et beaux gestes du gouvernement de nos rois. Au lieu de relever des principes, nous nous laisons mener par les mots.

Mais, de tous ceux du vocabulaire quatre-vingt-neuviste, le plus retentissant, celui qui résume tous les autres, c'est sans contredit le mot flatteur de *Peuple Souverain*: il remplit la bouche de l'histrion politique, et joue, dans son dictionnaire de poche, le rôle qui appartient à la grosse caisse dans la musique militaire de nos régiments.

Or, l'expression de *peuple souverain* est tout simplement ce qu'on appelle vulgairement un non-sens. *Peuple souverain* sont deux termes qui s'excluent absolument l'un l'autre.

Un *peuple* n'est pas plus *souverain*, qu'un *souverain* ne peut être *peuple*; car, si un peuple est vraiment *souverain*, on est en droit de demander aussitôt : *souverain* de quoi ? Ici je défie le plus savant des Européens de me répondre ; par ce motif bien simple qu'il n'y a pas de réponse possible. Et si quelqu'un s'avisait de hasarder ceci : *souverain* de lui-même; le fou rire achèverait sur toutes vos figures la déroute commencée dans vos intelligences par l'énoncé d'une question logiquement insoluble.

Non, on n'est pas souverain de soi-même, mais toujours d'un autre. Un souverain est *souverain* d'un peuple ; un peuple est *peuple* d'un souverain. On peut voir des *souverains* sans *peuples* : c'est le cas de presque tous les rois légitimes de nos jours. On peut voir un *peuple* sans *souverain* , c'est absolument votre cas, et celui de plusieurs autres. Mais l'expression de *peuple souverain* n'est en réalité qu'une reluisante absurdité ; à moins que le mot, voulant signifier tout autre chose que ce qu'il exprime, on ne nomme *peuple souverain* celui qui est appelé à déléguer la souveraineté, chose fort différente, fort discutable, fort dangereuse et si exceptionnelle qu'on devrait la voir se produire une fois à peine dans le courant de plusieurs siècles ; comme, par exemple, au cas d'extinction d'une race royale, ou d'une famille régnante.

Singulier *souverain* toutefois que celui dont l'unique puissance réside dans le droit de déléguer sa souveraineté ! Pauvre Crésus, que celui dont la seule fortune consisterait à faire l'abandon de toutes ses richesses !

Peuple souverain, tel est donc votre mot de perdition. *Souveraineté du peuple*, telle est pour vous la formule fatale de l'exploitation ; car vous n'avez été trompés que pour être exploités, et par qui ?

Naturellement par les hommes de ce mot, les Tribuns et César.

Pour ces deux espèces, à qui mieux mieux, cette formule a été comme la poignée d'avoine dont on secoue les grains dans un van pour s'emparer d'un cheval échappé, et lui passer la bride. En sorte que l'on peut ironiquement dire, en jouant sur le mot, que, depuis quatre-vingts ans, vous n'avez pas cessé d'être *souverainement* malheureux. Ici, votre cas de souveraineté devient déplorablement légitime et tangible. Le mot cesse d'être faux pour devenir, hélas ! tragiquement vrai.

Etudions un instant la figure de ces deux ennemis de votre repos.

Prenons d'abord les Tribuns.

Ils relèvent tous du même prototype ; ils sont tous les imitateurs serviles plus ou moins heureux du plus fougueux et du plus électrisant de tous, la monnaie plus ou moins fausse de Mirabeau.

Leur nature générale est celle de ces charlatans ambulants, dont la vie nomade se passe à courir la France, de foire en foire, en vendant des drogues et des onguents, en arrachant les dents, toujours sans douleur, mais au bruit d'une musique enragée, et en pipant le peuple des badauds, par leurs annonces de spécifiques infaillibles et de recettes merveilleuses.

Qui de vous ne s'est approché de ces boutiques en plein vent, vraies maisons roulantes plus ou moins vernies et rembourrées, suivant l'état de la bourse de leurs propriétaires; dont les chevaux-squelettes broutent une herbe chétive, derrière le véhicule, momentanément dételé, si le charlatan est encore minable, ou mangent aux rateliers des hôtels, en renom dans la localité, s'il est plus huppé ?

Ne vous rappelez-vous pas d'avoir vu parader, dans nos villes, le plus célèbre de tous, cet homme au casque d'or et à la cuirasse étincelante, à la physionomie quasi militaire, qui, debout au balcon d'une riche berline, couronnée de musiciens empanachés, taillait, au son d'une parole débordante, à l'aide d'un gigantesque coutelas, des crayons qui faisaient sa fortune et souvent le désespoir des acheteurs ?

Eh bien ! tous ces charlatans, vous les avez connus, sous le nom de tribuns, dans vos forums politiques, leurs foires à eux depuis 1789. Car, tous ont passé au milieu de vous ; aucun ne vous a fait grâce de sa personne et de sa voix.

Je reviens aux charlatans. Souvenez-vous comme ils étaient drapés ; comme leur tenue était régulièrement faite pour attirer les regards ! Quel draps d'or et d'argent ! Quelles tuniques éblouissantes ! — J'allais dire, que de galons ! — Quel cliquetis de grelots et de sonnettes! Quels ronflements de tambours !

Mais, à un moment donné, vous les avez vus éteindre, d'un geste théâtral, le vacarme des grosses caisses, et prendre la parole. C'était l'heure terrible de l'exploitation.

Pour lors, à l'aide d'un fracas de mots retentissants, de périodes gonflées et d'une mimique savante, ils ont fasciné vos regards, pénétré vos oreilles de leurs raisonnements ; leurs flatteries intéressées ont peu à peu déterminé votre assentiment, capté vos suffrages ; vous vous êtes insensiblement rapprochés, et définitivement, chacun de vous a mis la main dans sa poche, et donné son argent.

Le peuple souverain avait disparu pour faire place à la foule, tributaire des Tribuns.

Quant à César, vous l'avez tous aussi vu passer parmi vous. Vous avez connu ses deux personnifications les plus importantes, vous avez eu César l'oncle, et celui qu'on appelait son neveu.

Du premier surtout, l'on peut dire que vous avez été son cheval de bataille. Il vous a sellés, bridés, montés, il vous a fait hennir aux rayons éclatants de mille victoires qui toutes portaient la stérilité dans leurs flancs.

Sous sa cuisse nerveuse, vous avez parcouru le monde, couverts d'une écume sanglante, dans les chaudes vapeurs d'une course ininterrompue de quinze ans. Mais, comme le dit Barbier dans son allégorie de la cavale,

> .... un jour de bataille,
> Ne pouvant plus mordre ses freins,
> Mourante, elle tomba sur un lit de mitraille
> Et du coup te cassa les reins.

Waterloo cassa les reins de l'oncle et Sédan ceux de la dynastie.

Or, tous les deux vous avaient asservis au nom de votre indéclinable souveraineté. Votre esclavage, comme tributaires de César, datait du jour même de votre reconnaissance comme peuple souverain.

Hélas ! le lendemain devait être pire que la veille. Tous les tribuns avaient reparu. Tous vous avaient, à pleines bouches, salués du titre fallacieux. La formule de l'exploitation avait amorcé de nouveau le piége fatal ; et vous étiez redevenus instantanément la proie des bavards.

Tous y étaient, audacieux toujours, outrecuidants plus que jamais. Débordants de faconde et de jactance, on les vit attablés au pouvoir, comme à un banquet dont la carte à payer (carte illimitée) devait seule relever de votre souveraineté pour tout le reste absolument illusoire.

Oui, le jour de l'addition, vous fûtes vraiment ROIS !....

Mais, sous le *Mane, Thecel, Pharès* mérité, la salle du festin s'étant enfin écroulée, vous parûtes lever les yeux au ciel. Aviez-vous vu le doigt de Dieu empreint sur un débris de vos ruines fumantes ?.... Le fait est que, la Vierge aidant, vous avez vu accourir à votre secours un guerrier plein d'honneur.

Celui que le Roi a surnommé «le Bayard moderne» (1) nous protége de l'ombre de son épée. L'état de siége constitue sa force gouvernementale, et fait notre quiétude momentanée ; car, autour de lui, tout le reste est danger.

Mais demain ?....

> Ah ! demain, c'est la grande chose !
> De quoi demain sera-t-il fait ?
> L'homme aujourd'hui sème la cause,
> Demain Dieu fait mûrir l'effet.

(1) Lettre-manifeste de Salsbourg.

Semons-nous de bonnes causes pour récolter de bons effets ?

Hélas ! les pères de famille sont anxieux ; les mères pleurent, toute créature gémit.

Qui éloignera la torturante angoisse de cette pensée, sœur de la mort : Il n'y a pas de lendemain pour vous !....

Enfouissez vos richesses ; vivez en crainte sur le seuil de vos demeures, avec vos enfants dans les bras, sur le qui-vive éternel du départ, pauvres Français ! N'ayez souci que du viatique nécessaire.

Par où débouchera le barbare ? De quel côté la fuite semblera-t-elle plus assurée ? Quel point de l'horizon abritera moins éphémèrement le berceau du dernier-né ?

Rien de stable !.... Ainsi le veut la civilisation dite moderne ; ainsi l'ordonne le progrès ; ainsi l'a décrété l'impuissance de la sagesse et de l'habileté humaines combinées !....

La tente des patriarches paraîtrait encore trop enracinée aux mœurs de ce temps dérouté !

Pourquoi rire ? Pourquoi chanter encore ? Tremblez plutôt : toute heure qui sonne avance celle de la spoliation, de la ruine. Versez vos larmes, faites-vous une dureté factice du cœur ; ne répondez plus aux interrogations épouvantées de vos enfants ; préparez-vous à défendre vos vieillards, et dites adieu au toit paternel.

> Barbarus, has segetes ! en quò discordia cives
> Perduxit miseros !....

Qui fera renaître l'espérance ? Qui colorera encore de teintes roses les bords assombris de l'horizon ? Qui déridera les visages ; dira de semer, d'acheter, de bâtir encore ; fera fumer de nouveau l'âtre du foyer, permettra d'orner comme autrefois d'une nappe blanche la table de chêne antique, et d'y faire asseoir en sûreté la bande joyeuse ? Qui donnera à nos mains de fermer en paix les yeux de l'aïeule bénissante ? Qui décrochera les harpes suspendues ? Qui rendra ses chants d'allégresse à ce siècle désolé ?

Vous seul, Seigneur Jésus, vous seul ; car vous êtes le fondement et le couronnement de toutes les choses qui veulent durer ; et le ciel, le ciel lui-même ne peut être et s'appeler l'Eternité que par vous.

Mais, qui mettra le Christ dans le fondement ? Qui placera la croix sur le faîte ? Qui rechristianisera pour sauver enfin ?

Lui seul, lui seul, entendez bien son nom, lui seul, LE ROI !....

LUI SEUL EST SOUVERAIN. C'est sa fonction. Sa souveraineté est incontestable, éclatante comme le soleil. Il est souverain par droit de naissance, comme rejeton de la race séculaire, comme dépositaire de l'héritage de soixante rois ; et aussi par droit de conquête, car son sceptre, plus victorieusement encore que Henri IV, il l'a conquis à force de patience, de fidélité et de douleurs.

Mais, s'il est *souverain*, lui ; vous êtes *sujets*, vous : c'est votre fonction aussi ; c'est dans la logique, dans l'ordre, et j'ajoute que c'est dans l'honneur.

Sujet, c'est le titre naturel de l'homme ici bas.
Tous nous naissons sujets de Dieu. Lucifer fut fou-
droyé pour avoir voulu, par la pensée, se soustraire
à ce glorieux vasselage.

Or, si « le plus beau royaume, après celui du ciel,
c'est le royaume de France; (1) » être sujet du roi de
France doit être le plus beau des titres après celui
de sujet de Dieu.

Restant donc démontrée l'inanité de vos préten-
tions à la souveraineté, et l'inéluctable nécessité de
votre dépendance, mieux vaut encore être sujets du
plus beau royaume et de la plus grande race de
l'univers, que de devenir, par un coup de force ou
de scrutin, les esclaves sifflés du premier venu, qui,
de plus, fera souche, s'il le peut, vous forçant ainsi,
par une expiation méritée, à subir, dans l'ordre illé-
gitime, cette hérédité à laquelle vous aurez voulu
vous soustraire dans l'ordre légitime, hérédité non
plus de paternité et de gloire, mais de tyrannie et de
déshonneur.

Cette injure est votre histoire, depuis quatre-vingts
ans. Ainsi Dieu a puni votre attentat sans nom contre la souveraineté.

Retournez-vous vers la page sanglante de vos
annales.

Considérez cette place et cet échafaud, cette place
monstrueusement dite place de la *Concorde*, et qui
portera, jusqu'au jour de la pénitence et du pardon,
le nom de place du *Crime....* Regardez ce drapeau

_____

(1) Grotius. *Epist. ad Ludovicum XIII.*

de rébellion, dont les plis ont abrité la victime et le bourreau. Voyez monter ce roi, ce roi paternel, ce roi martyr !.... Il est là, sur la plate-forme, et nul ne vient à son secours. La luxure et l'impiété philosophique ont fait un peuple de lâches de la plus vaillante des nations. Nul soldat, nul chevalier ne s'élance, l'épée à la main, pour le délivrer et empêcher ce peuple de verser un sang, qui demain retombera sur lui et sur ses enfants. Personne, grand Dieu !... Car, ainsi que le fait remarquer Joseph de Maistre épouvanté : « Jamais un plus grand crime n'eût plus de complices. (1) »

Cependant, une voix sereine et forte s'est fait entendre : « Français, s'écrie Louis XVI, je meurs innocent, etc. » Et même alors, pas un frémissement ; personne n'accourt.... « Et toi, (continue la voix) *peuple infortuné..... »*

A cet endroit, les tambours de Santerre interrompent par un sinistre roulement la voix de celui qui commanda longtemps l'obéissance du peuple, et le couteau fatal tombe sur ces deux mots : PEUPLE INFORTUNÉ !....

C'en est fait, tout est consommé !.... Oui, pleure, peuple vraiment infortuné !.... Pleure, car c'est ta sentence que toi-même as portée ; ta main criminelle en a glacé les syllabes dans la bouche royale désormais muette ; et comme ton roi en est resté au *mot*, toi, tu en resteras à la *chose*.

Sois *infortuné*, c'est justice !....

____

(1) *Considérations sur la France.*

Marqué au front du signe des parricides, va, sans trève ni merci, livré à la main flagellatrice d'une foule de maîtres cruels ; marche, le dos courbé sous la malédiction; marche, à travers la honte, à travers le sang, à travers la mort ! Ton sommeil, comme celui de Caïn, sera troublé; l'image d'Abel obsèdera tes nuits. Tu voudras te fuir, te cacher de Dieu, mais en vain. Dieu sera toujours devant ta face ; et devant tes yeux, tu te verras toujours toi-même comme dans un miroir vengeur.

Ce peuple *infortuné*, nous l'avons été, amis ; nous le sommes encore aujourd'hui. Et pour cesser enfin de le rester, il faut, de toute nécessité, que le petit neveu du roi-martyr, que l'héritier du sceptre brisé, achève la phrase interrompue:

Le voulons-nous ?... Mettons-nous à genoux; faisons le signe de la croix, montrons des larmes dans nos yeux. Alors, reprenant la voix de Louis XVI, Henri s'écriera : « PEUPLE INFORTUNÉ, renais à l'espérance et au bonheur : je te pardonne comme Louis XVI t'eût pardonné ;» et nous nous lèverons tous dans l'allégresse de l'absolution reçue et le sentiment de la fatale sentence définitivement écartée.

Qui vous arrête? Le poids que vous avez sur la conscience n'est-il pas assez lourd, et le roi ne vous parait-il pas assez bon ?

Regardez ! Il vous ouvre ses bras paternels; il vient au devant de vous ; il fait la moitié du chemin, lui, votre roi ! Quand vous déciderez-vous à faire l'autre moitié, vous, son peuple ?

2

Ce qui vous arrête, je vais vous le dire : ce sont les préjugés révolutionnaires.

Les préjugés sont aux peuples qui ont perdu la foi, soit politique soit religieuse, ce que sont les ronces et les épines aux champs déshabitués de la culture.

Il est dans la nature de l'homme de croire à quelque chose, comme dans celle du champ de produire quelque chose. S'il ne croit pas la vérité, il croira l'erreur. Celle-ci jettera ses racines, là où la vérité aurait pu pousser les siennes ; et les fruits de mort se multiplieront sur la terre maudite, à ce point de pouvoir défier un jour la charrue la mieux trempée et le plus vaillant des jougs de taureaux.

Vos préjugés, amis, sont de cette nature rebelle et opiniâtre. La graine originaire en a été abondamment semée par les mains de Rousseau et de Voltaire, les deux plus insignes malfaiteurs intellectuels dont le règne de Satan ait jamais pu se glorifier sur la terre.

Ces deux êtres, de tout point dégradés, qui n'échangeaient entre eux que du fiel, se sont entendus comme des larrons pour vous dévaliser moralement. Le sophisme de l'un a dénaturé vos institutions. Le rire et le mensonge de l'autre ont perverti vos mœurs. « Mentons, disait Voltaire, il en restera toujours quelque chose. Mais ne mentons pas faiblement et pour un temps ; mentons effrontément et pour toujours. »

Ils ont réussi.... Par eux, le respect humain de la vérité a envahi le citoyen comme l'homme privé. L'un a inspiré le code des droits de l'homme ; l'autre a déchiré le code des droits de Dieu.

L'un a créé la notion et la forme de l'état sans Dieu ; l'autre a résolu le problème du cœur sans Dieu.

La raison s'éclairait aux rayons de la Foi. De ces deux sœurs faites pour marcher en s'appuyant l'une sur l'autre, ils ont chassé celle qui portait la croix. L'autre alors, perdant son point d'appui naturel, s'en est allée au hasard, trébuchant à chaque pas ; car la raison seule, c'est la déraison , la folie, le préjugé.

Ces deux scélérats ont enfanté à leur tour une race digne d'eux, moins la taille.

Révolutionnaires grands et petits, libéraux de la parole et de la plume en descendent plus ou moins directement.

Du préjugé originel, ils ont déduit les préjugés actuels contre le roi, contre le prêtre et les dérivés. La graine avait fait la plante ; eux l'ont multipliée par la science approfondie des boutures. Aussi est-elle en pleine végétation parmi nous.

Les révolutionnaires proprement dits cultivent avec un soin jaloux la plante du préjugé. Ils la tiennent pour ainsi dire en serre chaude.

Bien entretenu, le préjugé mettra tôt ou tard les armes aux mains des soldats de l'insurrection, — l'insurrection le plus saint, l'unique devoir, maintenant que nous n'avons plus que des droits, — et l'on marchera sur l'Hôtel-de-Ville.

Quant aux libéraux, sans cultiver absolument le préjugé, ils ne le voient pourtant pas de trop mauvais œil, pour deux motifs. D'abord, disent-ils, l'arracher bouleverserait le sol ; or, le libéral est naturellement bon et a horreur du dégât. Ils disent aussi que ce serait là un travail d'Hercule, et qu'ils ne sont pas faits pour ces sortes de travaux : ils disent vrai !....

Le second est plus spécieux : tout libéral se prétend détenteur d'une recette infaillible pour utiliser le poison, et le transformer en élixir.

Malheureusement, il en est de cette recette comme de l'écriteau du fameux barbier qui portait : « Demain, on rase ici pour rien. »

C'est toujours *demain* qu'on fera l'élixir !

En attendant, l'utile préjugé reste; et quand l'ambition sonnera le boute-selle, on s'en servira comme d'étrier de circonstance pour enfourcher le coursier gouvernemental ; le catéchisme libéral débutant par cette impérieuse maxime : «Que le salut du peuple soit la suprême loi. »

« Et c'est ainsi, disait Joseph de Maistre, dans des circonstances analogues, en parlant de la France, que le peuple entier souffre tous les maux de l'anarchie, parce qu'une poignée de misérables *lui fait peur de son roi, dont elle a peur.* »

« Et cependant, continue le grand penseur, si le
« vœu des Français le replaçait sur le trône de ses

« pères, il épouserait sa nation qui trouverait tout
« en lui, bonté, justice, reconnaissance, et des ta-
« lents incomparables mûris à l'école sévère du
« malheur.

« Les Français ont paru faire peu d'attention aux
« paroles de paix qu'il leur a adressées. Ils n'ont pas
« loué sa déclaration ; ils l'ont critiquée même, et
« probablement ils l'ont oubliée ; mais un jour ils
« lui rendront justice ; un jour, la postérité nommera
« cette pièce comme un modèle de sagesse, de fran-
« chise et de style royal. (1) »

Et moi, je dis que ce jour a déjà sonné. « Je ne
vous ai jamais trompés, et je ne vous tromperai jamais, (2)» avait dit Henri V. Il l'a répété de nouveau,
déconcertant ainsi chez vous le préjugé révolutionnaire invétéré contre lui.

Aujourd'hui, sa popularité germe partout invisible-
ment, il se forme en secret une moisson qui demain
percera en tous lieux le sol, et sera ramassée en
gerbes triomphantes.

Déconcerté, ai-je dit, par l'attitude royale, mais
non vaincu, le préjugé se retourne convulsivement
et s'écrie :

« Ce n'est pas Henri V qui nous fait peur ; c'est
son entourage. »

Vous vous craignez donc vous-même, répondrai-
je à cette singulière métamorphose, puisque c'est
vous qui serez son entourage ?

(1) *Considérations sur la France.*
(2) Manifeste du 3 mai 1871.

Rappelez-vous ce trait de sa vie à Londres. Il était entouré d'ouvriers, qui cependant, par respect pour son auguste personne, se tenaient à grande distance de lui. « Plus près, plus près, leur dit-il, en les forçant d'avancer, j'aime à être serré par des Français. »

Eh bien ! vous l'entourerez, nous l'entourerons tous, nous le serrerons comme des fils aimants serrent leur père. Nous savons qu'il aimera cela : il est resté solitaire si longtemps !

Mais, « par son *entourage*, riposte l'acariâtre préjugé, nous entendons les nobles et les prêtres. »

Et les priviléges ! n'est-ce pas ? la corvée, la dîme, l'intolérance religieuse et le reste ?....

Nous y sommes...... je tiens le loup par les oreilles....

A ceci, je répondrai tout d'abord que, nobles et prêtres étant tout aussi français que vous, vous ne leur enleverez pas, je pense, le droit d'entourer et de presser comme les autres. Ce ne serait pas juste.

Quant aux priviléges, les nobles garderont les seuls qui leur restent, depuis la nuit mémorable du 4 août 1789, priviléges en quelque sorte négatifs, et qui consistent à se montrer généralement, moins que d'autres, luxurieux du pouvoir ; plus que d'autres souvent, charitables et généreux, et certainement toujours au premier rang, sur tous les champs de bataille, suivant le vieil instinct de leur blason.

Ils continueront, en un mot, à jouir du droit de faire leur devoir, et de contribuer régulièrement à payer les pots cassés de toutes les révolutions.

Mais, écoutons ici les accents de la voix royale :

« Comment tolèrerais-je des priviléges pour d'au-
« tres, moi qui ne demande que celui de consacrer
« tous les instants de ma vie à la sécurité et au
« bonheur de la France, et d'être toujours à la peine
« avant d'être avec elle à l'honneur ! (1) »

Les vrais nobles feront comme lui.

Sachez donc vous servir une bonne fois de vos yeux pour regarder ; il n'y a plus, à proprement parler, de castes en France, aujourd'hui, et c'est un mal, — car tout corps bien constitué appelle une hiérarchie, — mais c'est un fait. Nobles, bourgeois, ouvriers constituent ce qu'on appelle la nation, la France. Parler autrement, c'est prouver qu'on n'a pas observé le caractère le plus frappant de notre immortelle Révolution française : *le pêle-mêle.*

Certains journaux ruminants m'obligent à m'ar-rêter un instant à deux importantes subdivisions du privilége : la section de la corvée et celle de la dîme.

Pour la corvée, elle a changé de nom, en s'aggra-vant toutefois, comme il convenait. On la nomme aujourd'hui prestation, du latin *prœstare*, fournir. Elle se fournit en nature ou en argent, en journées de mulets, de bœufs, de chevaux, ou en piéces de cent sous, au choix. C'est un impôt *sui generis*, dé-

(1) Manifeste du 8 mai 1871.

sagréable comme tous les autres ; d'où il suit que la prestation reste toujours, comme jadis, une *corvée*.

Quant à la dîme, la fameuse dîme, elle a disparu pour toujours devant la raison du plus fort. Elle a été absorbée et remplacée par plus cher qu'elle.

Payer la dîme !...Fi donc ! Il y aurait de quoi rougir. Notre époque de progrès comporte et commande mieux que cela. La dîme a fait place au septime ; nous marchons hardiment au sextime, et nous ne ferons pas halte en chemin si doré. Mais revenir à la dîme, serait réactionnaire au premier chef, pour parler la langue du jour. Du reste, nul seigneur féodal ne ressusciterait assez despotiquement barbare, pour remplacer avantageusement ce grand seigneur contemporain, invisible, anonyme, sans entrailles, qu'on appelle l'État, et dont le percepteur, que vous connaissez tous, est constitué parmi nous l'intendant zélé, impassible, intraitable.

Qui que vous soyez, il en faut prendre votre parti ; le temps de la dîme et du vieux seigneur débonnaire ne reviendra plus. Vous êtes condamnés à rester à perpétuité le vassal sans réplique de cet impitoyable suzerain, dont l'appétit de Gargantua toujours en éveil est servi par mille bras, qui se disputent l'honneur de gorger sa puissance et de prévenir les moindres caprices de sa souveraine et insatiable omnipotence.

Du reste, avez-vous revu la dîme sous Louis XVIII ? Non. Et sous Charles X ? Pas davantage. Eh bien ! alors, pourquoi la redoutez-vous sous Henri V ?

Quant à l'intolérance religieuse, champ de bataille de prédilection de ce siècle sans religion, suivez-moi pour toute réponse sur les frontières de l'Italie et de la Suisse, ces deux vassales de Berlin, et jusqu'au bord du Rhin allemand. Là, voyez et jugez vous-mêmes de quel côté sont les persécuteurs. Le panorama est tranquillisant et instructif n'est-ce pas? L'*Erreur* va bon train, n'est-il pas vrai ? En échange d'aussi précieux renseignements, faites-moi grâce dorénavant de vos larmes de crocodile sur l'inquisition, de tous vos contes bleus sur les dragonnades de la *Vérité*.

Passons aux prêtres.

Ah ! le prêtre ! Voilà la tête de Turc par excellence ! Voilà le bouc émissaire.

Le gouvernement de Henri V, dites-vous, sera un gouvernement de prêtres. Si vous entendez par là que ce sera un gouvernement chrétien, vous avez raison. Mais alors, il faut être logique, et dire de toute famille chrétienne qu'elle aussi est une famille de prêtres.

Vous riez, c'est bon signe. Je vais plus loin : le gouvernement de Henri V ne serait pas un gouvernement de prêtres, alors même que nous verrions comme autrefois un prêtre investi de fonctions publiques, comme celles de ministre préposé aux choses du culte catholique ; quand bien même un évêque ou un cardinal français serait appelé à un ministère d'État, comme Richelieu, par exemple.

Non, même alors, ce ne serait pas un gouvernement de prêtres, pas plus que ce ne le fut sous Louis XIII. Il y aurait tout simplement un prêtre dans le gouvernement : voilà tout.

Mais c'est tout à fait improbable ; je mets les choses au pire, pour vous les mieux faire toucher du doigt.

Pour ce qui me concerne, je ne m'en cache pas, je serais tout aise de voir un évêque ou un cardinal appelé au premier poste de l'État. Je me déclare fatigué des laïques. Depuis quatre-vingts ans, ils ont, en général, si mal géré nos affaires, que ma confiance en eux est tout à fait ébranlée.

J'aimerais, je l'avoue, à voir nos laïques importants si infatués de leur science gouvernementale, et que l'on voit se prélasser dans la politique, ainsi qu'Adam, au commencement, dans son domaine, enfin ramenés à une décente modestie ; car ils disent *notre domaine*, comme si une science qui relève d'abord de la théologie, puis de la philosophie, et enfin de la connaissance de l'homme, devait appartenir en propre à des gens qui n'ont fait leur théologie nulle part, leur philosophie souvent que dans Voltaire et qui n'ont guère étudié l'homme que dans Rousseau. Comme si, dis-je, cette science devait être leur science naturelle à eux, parce qu'ils sont laïques, voire même académiciens ou journalistes. Oui, je voudrais qu'ils pussent recevoir une leçon de gouvernement de quelque bon prêtre, humblement enfermé dans sa soutane, soit noire, soit violette, soit rouge. Ce serait ma pure et tranquille vengeance à moi, et la France y applaudirait pour les avantages qui lui en reviendraient indubitablement.

Mais cela ne sera pas. Le laïque gouvernemental abonde trop en France. Combien n'en voit-on pas qui se déclareraient incompétents pour la conduite d'un fiacre et qui prendront hardiment en mains les rênes du char de l'État ! En détail, on est saisi de scrupule ; en gros, on risque le coup ; on craindrait de verser un ami, on n'hésite pas à verser la France.

Donc, pas de prêtres dans le gouvernement ; mais à plus forte raison, pas de gouvernement de prêtres. Etes-vous rassurés ?....

Mais Henri V ne se laissera-t-il pas influencer par les prêtres, etc. etc. ?.... Arrêtez !.... J'y suis !... Je vais formuler le reste.

Vous voulez savoir, n'est-ce pas, si, sous Henri V, on vous obligera d'aller à la messe et de vous munir, à Pâques, d'un billet de confession ? Puisque cette objection survit encore, donnons-lui le coup de grâce.

Je réponds hardiment : Non !.... Vous garderez sous son règne le droit de vous damner. C'est un vieux droit qui date de loin. Vous allez faire les incrédules ; mais c'est là une conquête bien antérieure à toutes celles de 89. Elle remonte à Lucifer. Sous Saint Louis lui-même, en plein moyen-âge, on pouvait se damner. Sous Henri V, il en sera de même. Etes-vous satisfaits ?...

Toutefois, j'ose dire que la renommée de son règne sera de tenir plus en honneur les commande-
ments de Dieu et de son Eglise, que les sept péchés
capitaux. Jusqu'ici, presque tous les gouvernements
ont fait le contraire. C'est à ce signe que l'on distin-
guera enfin le vrai pasteur de tant de mercenaires
successifs.

Oui ! mais le Syllabus ?

Etourdi que je suis, n'allais-je pas oublier la *Bête
noire*, car je mets en fait que, pour beaucoup de cer-
velles françaises, ce mot sonne péniblement comme
loup, tigre, ours, panthère, c'est-à-dire animal fé-
roce, toutefois avec un certain reflet de légende et
de merveilleux.

Que si on leur disait que le syllabus n'est autre
chose qu'une série de propositions philosophico-
théologiques, fausses, dangereuses, et comme telles
condamnées par le Saint-Siége, c'est-à-dire par la
sagesse maternelle de l'Eglise, rien n'égalerait leur
étonnement.

Et si on leur citait une de ces nombreuses propositions condamnnées, entr'autres celle-ci : « L'autorité n'est autre chose que la somme du nombre et
des forces matérielles,» ils se pâmeraient de rire, en
disant : Farceurs, vous moquez-vous de nous ?
tant la fausseté de cette proposition leur paraîtrait
à eux-mêmes évidente ; et tant ils sont persuadés
que c'est au poil et à la dent qu'on reconnaît le
Syllabus.

Je ne sais pourquoi je m'imagine que, si un jour-nal s'avisait un beau matin d'insérer sérieusement une note ainsi conçue : « Délivrance ! Délivrance ! « Le gouvernement italien, après bien des recherches « infructueuses, est enfin parvenu à mettre la main « sur le Syllabus ; et, pour le soustraire définitive- « ment à la puissance dominatrice de la cour de « Rome, le fait transporter au jardin d'acclima- « tation de Paris, où il sera visible tel dimanche, « de telle heure à telle heure. » Il y aurait, ce jour-là, foule, presse, écrasement, besoin de troupes, recette merveilleuse.

Et la plupart sortiraient de là, convaincus qu'ils ont vu le Syllabus. Disputant, il est vrai, sur son identité, ses formes et ses instincts ; mais se fé-licitant, après tout, de penser que le Syllabus est bien définitivement prisonnier et qu'on est enfin déli-vré d'un grand danger. O pays des lumières !

Puisque j'y suis, je viderai à fond la question du prêtre, solidaire de celle du Roi. Car, on vous fait peur aussi du prêtre dont vous avez peur. Son tricorne, je le vois, vous émotionne plus encore que celui du gendarme au jaune baudrier.

Et cependant, qu'on redoute celui-ci, passe encore : il porte des armes, il recherche, il prend au collet, il emprisonne. Mais, pour l'autre, où sont ses armes ? où ses prisons ?

Sa voix est douce, elle prie, elle chante ; comme la vertu, il est humble, patient, croit tout, souffre tout, et rend le bien pour le mal.

Cependant, tout s'élève, tout gronde contre lui : voix des puissances, voix des multitudes. D'innombrables *Tolle*, de sanglants *Crucifige* retentissent sur son passage. Ah ! c'est que cet homme, faible et désarmé en apparence, est, en réalité, le représentant de la grande force morale, établie comme un signe de contradiction au centre de l'humanité.

De sa bouche que rien ne peut fermer, sort la parole de vie, qui nourrit plus que le pain et qui tue plus sûrement que le glaive. Le prêtre et la conscience sont connexes. Sa vue ravive le remords ; sa vie est un reproche constant. Sa fonction pèse, du poids même de Dieu, sur la poitrine de l'humanité. Voilà pourquoi toutes les passions coalisées lui livrent un perpétuel assaut.

Après son péché, Adam se cacha de Dieu. L'homme moderne ne se cache pas du prêtre ; mais, plus forte que la honte, sa haine veut l'exterminer.

Et cependant, que t'a-t-il fait, ô homme ? Quel crime est le sien, si ce n'est d'être, de vivre, de t'aimer ?

Le coupable, c'est toi, c'est ton cœur. Les criminels, c'est vous, tyrans; vous, peuples; vous, diplomatie; vous, sectes; et vos conjurations ouvertes ou ténébreuses contre le sacerdoce catholique ne font qu'appuyer, de la plus solide des preuves, l'autorité de sa divine et nécessaire mission.

Le prêtre vient de l'évêque ; l'évêque du pape; le pape de Dieu. La vieille hiérarchie tiendra bon : nul ne forcera cette barrière ; nul ne rompra cette chaîne dont les anneaux vont du ciel à la terre et dureront autant qu'eux.

« Fonctionnaire *salarié* ! » s'écrient en le désignant, la haine intelligente et la haine ignorante ; le révolutionnaire de la chambre et celui du trottoir ! Ce qui équivaut à ceci : « Supprimons le budget du culte ! C'est-à-dire, coupons-lui les vivres, pour qu'il meure de faim.

Cette manière d'entendre la fraternité à l'égard du prêtre est inadmissible à tous les points de vue, mais le point de vue juridique est ici le plus résistant.

Cessez d'abord de voir dans le prêtre un fonctionnaire, ou voyez en lui le fonctionnaire de Dieu. Et, quant à cette épithète de *salarié*, dont votre mépris essaie de se faire une arme, changez-la en celle, beaucoup plus juste, de *créancier ;* car, loin que le prêtre soit engagé vis-à-vis de l'état, c'est l'état qui est engagé vis-à-vis du prêtre, comme débiteur perpétuel.

Le budget du culte tout entier n'est que l'ensemble d'une grande dette sacrée ; que la résultante obligée d'un contrat synallagmatique passé entre l'état spoliateur, repenti et engagé, d'une part ; et le clergé catholique, spolié et consentant, de l'autre.

Cette rente n'est du reste qu'une très-dérisoire compensation aux immenses spoliations dont nos pères se sont rendus coupables envers lui ; et le jour où un gouvernement quelconque s'aviserait de supprimer le budget du culte, sans se préoccuper de rembourser le capital, il cesserait à l'instant même de s'appeler le *gouvernement* pour se nommer le *vol*, le *brigandage* et probablement l'*assassinat*.

Amis, vous qui souvent avez entendu blasphémer le disciple autant que le maître, le prêtre à l'égal de Dieu, prenez dès aujourd'hui la résolution de le défendre. Cette force est la première de celles avec lesquelles il faut savoir compter. On peut échapper au gendarme : c'est une affaire de jambes ; la conscience tôt ou tard ramène au prêtre. Ici, celui qui attend est plus fort que celui qui vient saisir.

Voyez-vous ce modeste presbytère ? Un jour ou l'autre, il faudra entrer là, vous agenouiller là. Là s'opère pacifiquement et de plein gré la triomphante capitulation de la liberté et de la volonté humaines. Elle est suivie de repentir, de pardon, de larmes. Celui qui était entré loup, sort agneau, et rentre au bercail du pasteur.

Restez bien convaincus de cette vérité : le prêtre est votre meilleur ami, parce qu'il est le dernier qui reste, quand tous les autres s'en vont.

Un jour, si vous ne vouez pas d'avance votre cadavre aux scandales de la voirie, si votre testament ne lui a pas fermé la porte, c'est lui qui accourra à votre chevet, portant Dieu dans son sein.

Ouvriers, c'est lui qui, à votre insu, entretient bien souvent, des deniers de sa pauvre bourse, la lampe vacillante de votre foyer. Par lui, les enfants sont nourris et vêtus, l'épouse malheureuse consolée. Un rayon de soleil le suit dans la mansarde ; il y fait épeler le nom de l'Espérance. Vous lui devez

vos titres de noblesse, votre charte d'affranchisse-
ment, vos droits écrits à l'héritage éternel ; votre
baptême et celui de vos enfants. Ses mains dépose-
ront l'hostie sainte sur leurs lèvres, au jour de la
première communion.

C'est aussi l'ange terrestre qui veille sur vos tom-
beaux. Vous êtes fidèles, n'est-il pas vrai, à la religion des cimetières ? Là, vous vous précipitez, à certains jours, chargés de couronnes d'immortelles,
symbole matériel de votre foi. Vous allez pleurer
là, vous souvenir là ! Un instinct de conscience,
un reste de catéchisme, une réminiscence de la voix
maternelle vous dit que ce qui dort en ce lieu se ré-
veillera un jour ; que tout ce qui est déjà enseveli,
le vieux père, le petit enfant, la bonne mère, l'épouse
peut-être, reverdira au soleil nouveau d'une nouvelle
terre ; que ces os blanchis reprendront chair, vie,
avec l'immortalité ; et qu'il n'y aura là-haut de changé, au vieux foyer de la famille, que son état d'ins-
tabilité et de misère contre l'Eternité et le bonheur.

Ces voix, amis, ne vous trompent pas. Laissez-les
chanter à vos oreilles les inénarrables cantiques de
la Patrie, dont le prêtre est ici-bas l'annonciateur
officiel, le barde divin.

Vous devez me trouver terriblement clérical,
quoique laïque. Cette réflexion m'amène tout naturellement à vous fournir la nouvelle signification de
ces deux mots, qui, de nos jours, ont complètement
changé de sens.

Laïque désignait, jadis, tout chrétien engagé dans les liens du siècle; clerc, tout enrôlé à un degré quelconque dans les rangs de la sainte hiérarchie. Aujourd'hui, laïque veut dire anti-chrétien, athée, libre-penseur. Clérical désigne tout catholique digne de ce nom. En sorte qu'il faut, à l'heure présente, être clérical, pour se trouver suffisamment chrétien.

Par la même déviation du sens primitif des mots, instruction laïque signifie instruction anti-chrétienne, destinée à produire les petits sans Dieu, la graine de communard, le gibier d'émeute. On l'exige, de plus, gratuite, pour la rendre obligatoire; et obligatoire, parce que étant immorale et corruptrice, elle deviendra par là d'un empoisonnement infaillible et plus général.

Espérons pourtant que le frelon laïque, au sens moderne du mot, finira par être expulsé de la ruche de l'enseignement, où il s'est introduit en bruyant dévastateur; et que les abeilles, rendues à la paix de leurs travaux, resteront maîtresses de butiner au calice des fleurs célestes du christianisme, et de composer, suivant la formule divinement invariable, ce miel nourrissant et parfumé de la vraie doctrine, qui a fait la vie de vos pères pendant tant de générations.

Qui fera ce grand œuvre? Qui désempoisonnera enfin les fontaines publiques? Toujours Henri V qui aime son peuple. Et c'est ainsi que, bien que laïque au vrai sens du mot, il sera clérical au sens moderne, c'est-à-dire roi très-chrétien.

Mais, Clérical m'amène à Ultramontain, son synonyme en plus coloré. Le mot d'Ultramontain est devenu de nos jours un terme quasi injurieux, qui équivaut à fanatique, ogre...

Faisons son autopsie. Il se compose de deux mots latins fort inoffensifs : *ultrà* (au delà) et *mons* (montagne).

Ultramontain veut dire au-delà des monts, c'est-à-dire *romain*. Toutefois, les trois quarts des Français vous diront qu'ils sont catholiques, mais point ultramontains.

Or, ouvrons le catéchisme. Au premier feuillet, on lit : « Je crois à la Sainte Eglise catholique, aposto-« lique et romaine, etc., » d'où il suit que Eglise *ultramontaine* ou *romaine*, c'est tout un ; et que, par conséquent, se prétendre catholique et non ultramontain, c'est professer à la fois le pour et le contre, le oui et le non.

Ils sont et ils ne sont pas.

Ils ont réalisé l'identité absolue de l'être et du non-être.

Décidément, la France moderne est le pays des prodiges !

J'espère avoir réduit vos préjugés à leur plus simple expression.

Maintenant, si vous voulez savoir quel sera, en ce qui vous concerne, le programme du règne de Henri V, je vous répondrai par les deux mots qu'il a prononcés lui-même : *Honnêteté, grandeur morale.*

Le peuple sera l'objet principal de ses soins, comme il a toujours été celui de ses préoccupations et de ses pensées.

Père de famille compatissant et clairvoyant, il ira d'abord à ceux de ses fils, qui ont été les plus négligés, les plus trompés, les plus pervertis. Lui-même de ses mains pansera leurs blessures morales, laissant à l'ardente et ingénieuse bonté de la compagne de son trône, le soin touchant de coordonner, de diriger et de multiplier les mille canaux vivifiants du grand fleuve de la charité.

La reine passera amoureusement sa vie au chevet de vos douleurs physiques. Elle s'y entend. Aussi, dès le lendemain du sacre, donnera-t-elle rendez-vous dans ce but à toutes les femmes, à toutes les mères françaises. Elle sera à la fois l'âme et le bras de toutes les œuvres, qui ont le bien pour objet.

Préférant la toile blanche de la cornette aux pierreries du bandeau royal, la foule des pauvres à celle des courtisans, elle aimera à se dire la première de toutes les sœurs de charité ; et là, vous jugerez enfin à l'œuvre cette maison de Bourbon si calomniée.

Ce jour-là, les calomniateurs seront défaits.

Est-ce à dire que les gouvernements et les dynasties de passage aient été indifférents à vos maux et à vos douleurs? Loin de là; mais, ils ont tous plus ou moins abaissé, compromis, humanisé la charité.

Illégitimes pour la plupart, partant peu solides et par là même faisant *racine* de tout, ils ont transformé en instrument de règne, organisé en département politique, l'exercice de la plus aimable, comme de la plus délicate des vertus.

Ils ont ôté Dieu du bienfait, afin qu'on vît davantage leur main et qu'on leur en rapportât toute la gloire. Nos sociétés de Saint-Vincent de Paul ont connu cette épreuve imméritée.

Vous verrez désormais autre chose. La reine se dira servante des petits, des déshérités, instrument du dispensateur suprême. On ne voilera pas la croix, et la bienfaitrice en sera rehaussée comme les bénéficiaires.

Vous connaîtrez alors, je le répète, la différence qui sépare la race française par excellence des familles fugitives.

Ah! c'est que la maison de Bourbon a une manière à elle d'aimer, de se dévouer, d'accourir; c'est qu'elle est mère au sens le plus élevé du mot: elle aime son peuple comme un *vieil* enfant, dont elle connaît le tempérament depuis des siècles; et l'on s'apercevra bientôt qu'une longue séparation, qu'une longue ingratitude, n'ont rien ôté à la science approfondie de sa thérapeutique séculaire, rien diminué

de l'ardeur de sa tendresse, de la générosité traditionnelle de son dévouement.

Quant à vos blessures morales, comme je l'ai dit,
le Père du peuple s'en chargera exclusivement.
L'amélioration du sort des classes ouvrières a fait
l'objet de ses « plus chères études. » Les quarante-
trois années de son exil ont été employées à mé-
diter sur les moyens les plus propres à adoucir les
phases successives de votre vie de labeurs.

Je m'en porte garant d'avance. Il sera toujours à
lui-même son premier ministre, toutes les fois qu'il s'a-
gira de vos intérêts; et, pour tout ce qui concernera
vos besoins, il ne s'en reposera que sur son cœur, sur
son regard et sur son bras. « Qui assurera, disait-il
dernièrement, aux classes laborieuses, le bienfait de
la paix ; à l'ouvrier, la *dignité* de sa vie, les fruits de
son travail, la sécurité de sa vieillesse ? (1) »

Quelles plus belles paroles ! Quel plus beau plan !
Mais votre dignité surtout lui importe. Roi très-chrétien, il s'inclinera paternellement vers vous ; vous
serez moins ses sujets que ses enfants. Le moment
approche où sa dignité et la vôtre se trouveront
face à face. La vôtre alors complètera la sienne,
comme à la table paternelle l'honneur des enfants
couronne et justifie celui du Père.

Votre dignité, grand Dieu ! Où en est le mot ? Où
en est la chose ? Qu'en ont-ils fait ceux à qui vous
vous êtes abandonnés ? Ils s'en sont lavé les mains.
Non contents d'éloigner de vous l'influence libéra-

(1) Manifeste de janvier 1872.

trice du Christ, ils vous ont livré à toutes celles qui pouvaient dégrader, avilir, enchaîner.

Pour vous river plus sûrement au char de leur domination, ils vous ont jeté à la face du pain et des jeux, en disant : mange, amuse-toi, obéis! Le *panem et circenses* moderne peut être résumé, pour un œil attentif, dans l'influence démoralisatrice du café chantant et de ses variétés.

Oui, ce facile et coupable moyen de distraire et d'occuper votre servitude, des gouvernements anti-paternels l'ont multiplié parmi vous.

Le café chantant a été un des grands leviers, mis en jeu pour vous maintenir sous le joug. Là, tout votre être était conquis : la vue, l'ouïe, le goût et le reste. Là, vous avez trouvé la musique lascive, la chanteuse effrontée, la romance plus effrontée encore que la chanteuse, la consommation traîtresse, le journal immoral ou incendiaire ; là, riante et tumultueuse compagnie ; une chaleur économique en hiver ; en été, des jardins naturels ou factices bien éclairés ; et tout cela, à bas prix.

Mais, là, aussi, s'est englouti le fruit de vos épargnes ; là, vous avez dévoré seul ce qui devait nourrir la femme et les enfants qui ont attendu, en pleurant, le retour du père. Là enfin, l'enivrement a fait placé à l'amertume. Les camarades engeoleurs sont venus, et ils ont tué votre honneur et votre paix. Là, l'Internationale vous a fait tomber dans ses filets ! Là, vous avez déposé sous mille formes diverses les arrhes de futurs voyages pour la Nouvelle-Calédonie.

Il faut que la scène change.

Henri IV avait fait le rêve d'un père : il voulait que, sous son règne, chaque français put mettre la poule au pot le dimanche. Henri V reprendra ce rêve. Il lui sera donné d'en faire une douce réalité. N'a-t-il pas dit qu'il voulait être « *Henri IV second ?*» Eh bien ! Sa main paternelle fermera le café chantant, et mettra la poule dans votre pot. Le café chantant était païen, comme la politique révolutionnaire. De la poule au pot, on peut dire qu'elle est chrétienne, comme la politique traditionnelle de Saint Louis.

La poule au pot, c'est en quelque sorte la joie du ciel et la tranquillité de la terre. La poule au pot, c'est la famille joyeusement attablée à l'ombre du foyer. C'est la marmite pourvue de légumes frais. C'est le père et la mère mangeant le pain qu'ils ont gagné en commun, avec les enfants qu'ils ont eus ensemble. C'est la paie rentrant chaque soir au logis. C'est l'épargne créant peu à peu l'aisance ; le labeur honnête récompensé par l'ordre et la paix qui en découlent. C'est l'épouse ignorant les larmes ; la bonne conscience épanouissant des visages d'ouvriers que contractaient précédemment la haine et l'envie. C'est la barricade abandonnée ; la révolution désarmée ; la grève tombée dans l'oubli ; l'Internationale vaincue; le roi content de son peuple, le peuple de son roi, et Dieu de tous.

Puis, viendra l'heure, non du droit au travail,—il a toujours existé sous la forme austère du devoir, — mais de son organisation... La main de la Révolution en a bouleversé le domaine, jadis si prospère. Henri V en rétablira les fondements et reconstruira l'édifice. On vous rendra vos corporations, vos corps de métiers, vos maîtrises, vos jurandes, avec les modifications nécessitées et les améliorations apportées par le cours du temps.

Vous reprendrez la liberté de vos dimanches, la splendeur de vos fêtes ; vous ferez flotter de nouveau vos chères bannières. La sculpture et la peinture se disputeront la faveur de faire revivre pour vous ces images de protection, dont l'absence a laissé votre sort démantelé. L'or et l'argent lameront encore les châsses reconquises de vos saints patrons. Vous rentrerez en possession de vous-mêmes, de votre honneur, de votre joie, de cette pompe, orgueil et gloire de vos pères, riche et brillant émail de votre vie d'artisans.

Vos droits antiques seront de nouveau proclamés, jurés et fidèlement gardés : Henri V en assurera la représentation au sein des grands corps de l'Etat ; et chacun, comme chaque chose, reprendra sa place et sa fonction dans la grande famille reconstituée.

Déjà, de prophétiques essais sont tentés ; déjà, une jeunesse, amoureuse de vos âmes et jalouse de votre bonheur, se lève à l'horizon de votre avenir. Des soldats la guident comme pour un assaut. Les cercles catholiques qui surgissent de tous côtés, que sont-ils, si ce n'est l'Introït d'une ère nouvelle où s'opéreront la pacification des esprits, la fusion des cœurs, et l'unité des âmes dans la douce fraternité du Christ !

Si ce tableau vous tente, amis, à vous d'en hâter
la vivante réalisation.

Croyez-le bien ! la maison n'est plus habitable.
Place à l'architecte nouveau ! Mais, le nouvel architecte n'est autre que l'homme de foi, aidé des ouvriers du repentir ! Vous connaissez l'architecte ;
soyez les ouvriers !...

Dites-lui : Viens , enfin !... car nous sommes las
des autres. Viens ! nous savons que toi, du moins,
« tu ne nous tromperas jamais, » et nous avons foi
dans ta parole d'honnête homme et de roi. Tu n'as,
toi, ni cymbale d'histrion, ni lacet de forban. Tu ne
dis pas, toi : « vous êtes souverains, nommez-moi ; »
mais « je suis votre roi, reconnaissez-moi. » Viens !
nous savons que tu n'es pas l'ancien régime dont
on veut nous faire peur , mais « le fondé de pou-
voirs, nécessaire » pour asseoir, sur l'ordre antique, un monde nouveau. Viens déchirer la charte
du crime , cette légende révolutionnaire avec laquelle des scélérats nous ont perdus. Ferme le cycle
menteur, inauguré par la proclamation des droits de
l'homme, en proclamant enfin les droits de Dieu.
Viens ! nous te voulons ! brise nos fers ! Nul mieux
que toi n'en connaît les tristes soudures.

Dans notre vie, mets partout le respect à la place
du mépris. Nous aimons la sérénité de ton beau vi-
sage ; tes grands yeux, bleus comme le ciel où tu iras
un jour ; ton regard doux et pénétrant, qui cherche
à trouver tout homme honnête ; la majesté qui

couronne ton front, et cette bouche par où la vérité politique rend ses oracles !

Parais enfin ! « Montre-nous ce que nous ne connaissons plus, la figure d'un roi, que ne tentent ni la splendeur du trône, ni l'éclat de la couronne, et qui ne considère dans le pouvoir que le devoir et le sacrifice. (1) »

C'en est fait ; notre résolution est prise, et nul n'empêchera que tu ne nous sois rendu. S'il le faut, nous prendrons la route qui mène à toi, nous irons te chercher, et tu reviendras avec nous. Voilà notre plan à nous, parce que nous ignorons les chemins détournés et tortueux des politiques.

Et moi, je vous dirai à mon tour : Amis, soyez bénis, car votre dessein est bon ; persévérez, parce qu'il est nécessaire. Voici l'heure où les seuls *habiles* seront les *simples*, qui vont droit au *vrai*.

Debout ! et hâtez-vous !

Comme les bergers, à la crèche, précédez, aux pieds du nouveau Monarque, les puissants, les orgueilleux et les sages, qui n'ont pas voulu entendre le chant des Anges, ce *Gloria in excelsis* qui vous a réveillés dans les champs de la bonne volonté, et vous guide au seuil d'un siècle nouveau.

Mais, sachez-le, ce roi de gloire qui s'élève a un implacable ennemi. Le moderne Hérode qui, pour atteindre le nouveau Messie, fera, s'il le faut, périr

___

(1) Homélie de Mgr l'Évêque de Poitiers pour le jour de Noël 1873.

tous les enfants d'Israël ; c'est le *libéralisme* contemporain.

Ce berceau, il le sent bien, ébranle déjà son trône éphémère, et fait vaciller sa mensongère couronne. Ciel et terre, il remuera tout, pour atteindre mortellement le naissant roi de la paix. Mais, le ciel veille ; nous, la terre, veillons aussi !

Répétons-le donc : il n'y a qu'une vérité politique, comme il n'y a qu'une vérité religieuse, et des deux côtés un *Syllabus*. La vérité, dans ces deux sphères, c'est l'arche sainte. On ne peut y toucher sans être frappé de mort.

Mais le libéralisme est venu ; il s'est assis comme un roi dans le monde moderne ; il a fait un pacte avec ce qui restait de respect humain parmi nous, et il reçoit aujourd'hui la plus grande partie des honneurs et de l'encens qui ne sont dûs qu'au seul Dieu vivant.

C'est lui qui a « diminué les vérités parmi les enfants des hommes. (1) » Osias moderne, ainsi a-t-il

(1) Ps. X^r. 2.

touché à l'arche sainte ; et c'est pourquoi, nous, siècle du libéralisme, nous sommes en train de périr.

Mais, il est encore des lévites dans Israël ; entourons l'arche , formons autour d'elle un bataillon impénétrable et résolu ; disons-lui : *Morituri te salutant !*

Oui , pour toi, en politique comme en religion, il faut savoir mourir; et nous te saluons, tous, debout sous les armes, du même cri d'amour, ô sacro-sainte Vérité !

Et toi, hideux libéralisme, tu as bien osé te proclamer fils de la liberté, mais, tu as menti; ton origine est bâtarde et révolutionnaire ; tu ne viens pas de ce noble mot : *liberté*, mais de ce sens détourné : *se délivrer de.....* Secouer le joug de la vérité, voilà ce que tu as voulu.

On t'a vu jadis au paradis terrestre enroulé autour de l'arbre fatal, dans la peau du serpent. Plus tard, tu reparus sous le froc d'un moine apostat ; Luther fut ta seconde personnification. Eh bien ! nous te déclarons ouvertement la guerre ; tu as voulu déshonorer et découronner notre mère, sous le prétexte spécieusement hypocrite de la rendre plus acceptable à ce siècle attiédi. Tu as voulu lui ravir, et son sceptre, et son manteau, et ses pierres précieuses. Mais nous, nous la voulons tout entière, avec ses joyaux et ses beaux attributs de royale puissance.

Place aux lévites ! Elevons l'arche sur nos épaules. Vous avez douté de ce peuple ; vous allez voir ses rangs s'ouvrir, et tous d'une même acclamation salueront leur reine, rendue au primitif éclat de sa souveraine majesté.

Amis, le libéralisme n'est pas seulement coupable, il est de plus honteux. Il avilit, il marchande, il spécule sur la bassesse humaine; ses jugements sont téméraires et intéressés ; il doute de l'homme, parce qu'il doute de Dieu. Dans son fond, il est lâche, et il voudrait rendre tous les hommes semblables à lui.

Tant qu'il n'aura pas rendu les armes, ayons la main sur la garde de nos épées.....

Voilà l'ennemi !.....

Comte Guillaume De SABRAN-PONTEVÈS.

Lamanon, 2 février 1874.

Marseille. — Imp. Vᵉ P. CHAUFFARD.

LETTRE

DE M.

DUGUÉ DE LA FAUCONNERIE

CONSEILLER GÉNÉRAL DE L'ORNE

A MESSIEURS LES MAIRES

du canton de Nocé

———

A propos de distributions de portraits
et de brochures

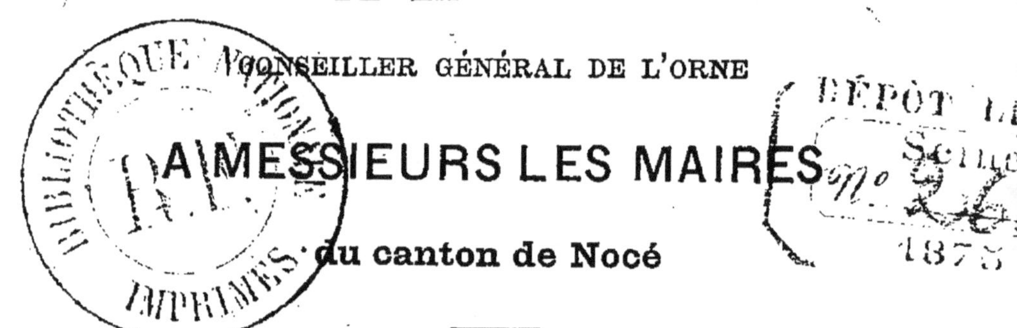

PARIS

IMPRIMERIE F. DEBONS ET Cie

16, RUE DU CROISSANT, 16

—

1875

A Messieurs les Maires

DU

CANTON DE NOCÉ

(ORNE)

Mon cher maire,

Le bruit qui s'est fait dans l'arrondissement de Mortagne, à propos de la condamnation récente de M. Chable, pour colportage, sans autorisation, de portraits du Prince Impérial et de brochures « *les Calomnies contre l'Empire,* » me détermine à vous raconter ce qui s'est passé.

J'y tiens, d'abord parce que certaines gens, ne craignant pas de dénaturer les faits, me dépeignent à vous comme un fauteur perpétuel d'agitations et de désordres, et que je ne veux pas laisser de pareilles accusations se répandre dans un pays que j'ai eu l'honneur de représenter, que je représenterai peut-être encore, et où dès lors tout le monde a le droit et surtout vous, messieurs, dont je suis toujours resté le mandataire au conseil général, de suivre tous les actes de ma vie politique et de m'en demander compte.

J'y tiens ensuite parce que je sais que les gens dont je parle profitent de la circonstance pour intimider mes amis en cherchant à leur donner le change sur les droits respectifs des citoyens et de l'administration.

Or, vous le savez, mon cher maire, les gens de mon parti ont la prétention, non-seulement de ne pas troubler l'ordre et de ne jamais donner l'exemple de l'insoumission à la loi, mais encore de rétablir l'ordre quand l'ordre a été troublé, et de restaurer le prestige et l'autorité de la loi quand ce prestige a été affaibli et cette autorité compromise par les rêveurs ou les bandits de la révolution ; mais c'est précisément parce que nous sommes et voulons rester les soldats les plus résolus de l'ordre et les serviteurs les plus respectueux de la loi, que nous avons la prétention d'être traités au moins comme tout le monde, et de ne pas nous voir contester l'exercice des libertés et des droits dont jouissent les autres.

Voici ce qui s'est passé.

Il y a huit ou dix mois, j'appris que l'administration, commençant à s'émouvoir de la grande quantité de photographies répandues dans le département de l'Orne et notamment dans notre arrondissement, ouvrait une espèce d'enquête, et que le commissaire de Mortagne avait même interrogé, à cet égard, plusieurs habitants de cette ville.

Et puis, il faut croire que l'administration ne trouva pas d'éléments suffisants de poursuites, puisque l'on ne parla plus de rien jusqu'à la mi-janvier, époque à laquelle le commissaire de police, obéissant évidemment aux ordres de la sous-préfecture, recommença ses investigations et dressa un procès-verbal à la suite duquel je fus appelé à comparaître devant le juge d'instruction, de Mortagne, sous l'inculpation de colportage sans autorisation.

Comment expliquer que les faits, exactement les mêmes qui avaient été reconnus quelques mois auparavant ne pas contenir les éléments d'une poursuite judiciaire, apparussent sous un autre jour à M. le sous-préfet de Mortagne ?

Faut-il attribuer cela à la mort de M.

du Portail et à la perspective de ma prochaine candidature dans l'Orne?... Ou bien à la crise ministérielle et à la probabilité de l'arrivée aux affaires de M. le duc d'Audiffret-Pasquier avec la haine des bonapartistes pour mot d'ordre et « la guerre aux couteaux » comme ligne politique indiquée?... Je n'en sais rien, toujours est-il que je me rendis devant M. le juge d'instruction de Mortagne pour y subir mon interrogatoire qui se résuma à peu près de la manière suivante :

« 1° Il y a dans l'arrondissement, me dit
» M. le juge d'instruction, un très grand
» nombre de portraits du Prince Impérial
» et de brochures intitulées : *les Calomnies*
» *contre l'Empire,* que l'on suppose venir de
» vous; 2° vous êtes venu le jour de la
» foire de la Saint-André, à Mortagne, et
» vous y avez reçu à l'hôtel où vous étiez
» descendu un très grand nombre de per-
» sonnes habitant l'arrondissement!... Ex-
» pliquez-vous sur ces deux faits. »

Je répondis à M. le juge d'instruction, sur le fait des photographies et brochures, qu'effectivement elles venaient de moi et que je les avais expédiées, soit par la poste, directement à ceux qui m'en avaient demandé, soit par ballots, à des dépositaires voulant bien se charger de les remettre à ceux de mes amis qui viendraient les chercher.

7

Quant à mon voyage à Mortagne, je répondis à M. le juge d'instruction, en y
mettant tous les égards justifiés à la fois
par son caractère de magistrat et sa cour-
toisie personnelle, que je me refusais
nettement à lui fournir aucunes explications ; que j'étais venu à Mortagne parce qu'il m'avait convenu d'y venir, que
j'y reviendrais aussi souvent que cela
me conviendrait pour causer avec mes
amis et que je ne reconnaissais à personne le droit de me demander des comp-
tes sur les motifs de ces voyages et les
sujets de ces entretiens.

Quelque temps après, je reçus un autre
mandat à comparaître devant l'un de messieurs les juges d'instruction de la Seine,
qui me fit l'honneur de m'informer qu'il
était, en vertu de deux commissions ro-
gatoires, l'une du parquet de Mortagne,
me considérant toujours comme inculpé ;
l'autre du parquet d'Argentan, récla-
mant mon simple témoignage, chargé de
m'interroger sur l'envoi, par moi fait, de
brochures et de photographies à un nom-
mé Aubert, sabotier à Trun. Je fis res-
pectueusement observer à M. le juge d'instruction que rien n'était plus bizarre que
de m'appeler à déposer comme témoin,
c'est-à-dire sous la foi du serment, à propos d'un fait rattaché à la poursuite sous
le coup de laquelle je me trouvais placé,

et je refusai de témoigner.́ — L'affaire
en resta là.

Et puis j'appris un beau matin que M.
Châble était cité devant le tribunal de
Mortagne sous l'inculpation de colportage sans autorisation, et qu'en ce qui me
concernait, M. le juge d'instruction ve-
naitderendre une ordonnance de non-lieu.

Voilà, mon cher maire, exactement ce
qui s'est passé ! Rien de plus, rien de
moins, et les gens qui vous disent autre
chose en ont menti.

Maintenant, M. le sous-préfet de Mortagne, fut-il absolument satisfait de ce
résultat... je n'en sais rien !... et s'il faut
parler franchement tout me porte à sup-
poser le contraire : pour être sous-préfet
on n'en est pas moins homme et avoir fait
annoncer, à grand renfort de trompettes,
par toute la presse radicalo-orléaniste
qu'on poursuivait M. Dugué, et que M.
Dugué allait être condamné, sinon à
mort (la peine de mort étant abolie en
matière politique), du moins à quelque
chose d'approchant, pour aboutir, après
tout ce tapage, à une ordonnance de non-
lieu ; c'était désagréable, je suis le premier à le reconnaître, et j'aurais très
bien compris, je dis plus, j'aurais ex-
cusé un petit moment de mauvaise hu-
meur de la part de M. le sous-préfet.

Mais encore fallait-il que, ce premier

mouvement passé, M. le sous-préfet prit son parti en brave et attendit quelque temps, sans trop paraître la chercher, une meilleure occasion de me jouer un mauvais tour.

Au lieu de cela et de cette résignation au moins temporaire, j'apprends que M. le sous-préfet, semblant reprendre pour son propre compte l'enquête judiciaire, close par une ordonnance de non-lieu, se permet de continuer à interroger les maires et les autres personnes qu'il reçoit dans son cabinet, sur les rapports qu'ils peuvent avoir avec moi, et sur les communications verbales ou écrites que j'ai pu leur adresser; le tout assaisonné de commentaires peu obligeants sur ma personnalité et mon caractère politiques.

Je n'ai pas besoin de vous dire, mon cher maire, que les commentaires de M. le sous-préfet, si peu mesurés qu'en soient parfois les termes, me laissent absolument froid et que je ne vois aucun inconvénient à ce que ce jeune fonctionnaire s'exprime, sur moi et sur le parti auquel je m'honore d'appartenir, absolument comme il pourra lui convenir de le faire, mais ce que je ne puis pas admettre, c'est que M. le sous-préfet se flatte de tirer de ces petits entretiens le parti qu'il en espère, et qu'il compte par exemple nous empêcher, mes amis et moi, d'user dans l'avenir, comme nous l'avons fait dans le passé, des droits que nous tenons de la loi.

Cette prétention dénoterait de la part de M. le sous-préfet une ignorance profonde de notre tempérament percheron.

S'il nous connaissait davantage, M. le sous-préfet saurait que chez nous l'administration est sûre d'inspirer le respect et de provoquer la confiance, mais à une condition, c'est de se respecter elle-même, de faire, comme les filles honnêtes, peu parler d'elle et surtout de se renfermer dans la sphère déjà assez large de ses vraies attributions, de manière à ne jamais s'entendre reprocher de s'occuper et de parler de choses qui ne la regardent pas.

Or, ce reproche, si personne ne s'est encore avisé de le faire à M. le sous-préfet, M. le sous-préfet peut être sûr qu'il a été dans la pensée de beaucoup, et que ceux-là mêmes qui ont conservé en sa présence l'attitude la plus réservée, n'ont peut-être pas été les derniers à venir, en sortant de chez lui, me témoigner l'étonnement — pour ne pas dire davantage — du langage qu'ils venaient d'entendre.

Ainsi, quand M. le sous-préfet, s'autorisant de la condamnation de M. Chable, condamnation prononcée par application de l'art. 6 de la loi de 1849, — laquelle loi est générale et ne s'applique pas plus aux portraits du Prince Impérial et aux brochures impérialistes qu'à tous les autres portraits et à toutes les autres brochures, — déclare qu'il fermera l'entrée de de son arrondissement à toutes les photographies du Prince et à toutes les brochures impérialistes, ajoutant, pour peu qu'on l'y pousse, que personne n'aura plus le droit d'en conserver chez soi, M. le sous-préfet sait très bien qu'il dit de gros enfantillages, que nous continuerons à ne pas faire ce que la loi nous défend, mais à faire tout ce qu'elle nous permet, que dans notre pays de Normandie on est généralement ferré sur cet article, et que moi personnellement, j'ai eu bien soin de m'en pénétrer, ainsi que je l'ai prouvé à M. le sous-préfet, puisque, malgré tout son désir, il n'a pas pu me faire poursuivre.

M. le sous-préfet répondra-t-il à cela que si l'arsenal des lois existantes est insuffisant, on en fera faire d'autres ? Oh ! M. le sous-préfet doit être un bien grand jurisconsulte, puisque, avec sa jeune expérience, il se propose de recommencer une enquête que des magistrats, avec leur vieille expérience, avait close, en ce qui me concerne, par une ordonnance de non-lieu; mais je ne serais pas fâché de savoir comment M. le sous-préfet pourrait bien m'empêcher — avec toutes les lois à venir — d'expédier par ballots fermés ou sous lettres à enveloppes closes des brochures et des portraits, à moins que M. le sous-préfet ne fasse ouvrir tous les paquets et ne fasse décacheter toutes les lettres aux confins de son arrondissement, ce que M. le sous-préfet hésiterait peut-être à faire, bien que de prime abord ce jeune fonctionnaire me paraisse avoir une notion imparfaite de la limite où finit le droit et où commence l'arbitraire.

Je sais bien que M. le sous-préfet a encore un autre système et qui consisterait — il en parle assez pour qu'on le connaisse — à révoquer tous ceux qui ne seraient pas disposés à partager ses sentiments, maires, instituteurs, gendarmes et même les débitants dont on fermerait les débits, jusqu'à *l'épuration* parfaite du personnel. Mais M. le sous-préfet oublie que ce n'est point à lui qu'appartient le droit de révocation, et que tant que M. Buffet sera là, on ne touchera pas si facilement que cela aux situations acquises ; et puis M. le sous-préfet oublie aussi — lui qui devrait être pourtant le dernier à l'oublier, étant à sa quatrième résidence en quatre ans — que les sous-préfets changent et que les gens du pays restent, et que les populations le savent bien.

Mais trêve de plaisanteries, car tout cela est aussi triste que puéril, mon cher maire, et il faut vraiment vivre à une époque de bien grand trouble dans les idées et dans les choses pour être obligé de se livrer à de semblables explications sur des choses aussi simples.

Bien que M. le sous-préfet ne soit pas depuis longtemps parmi nous, vous devez déjà le connaître assez pour penser comme moi, qu'au lieu de gaspiller son temps à ces petites équipées qui lui réussissent peu, M. le sous-préfet ferait mieux d'utiliser ses loisirs à acquérir l'expérience et le savoir nécessaires à un administrateur. De cette façon, M. le sous-préfet arriverait peut-être à faire — les jours où il daignerait rester à sa sous-préfecture, au lieu d'être à Paris — meilleure figure devant ceux d'entre vous qui le viennent entretenir d'affaires.

Et tout le monde y gagnerait, M. le sous-préfet d'abord, qui, depuis le 15 septembre 1870, époque où M. Gambetta lui ouvrit les portes de l'administration, en est, je crois, déjà à sa quatrième sous-préfecture de troisième classe, ce qui ne dénote pas un dossier bien brillant au ministère de l'intérieur, vous ensuite qui aimez — et cela est tout naturel— à rencontrer auprès de vos administrateurs des conseils sages et éclairés, et le gouvernement enfin qui ne me semble pas devoir emprunter à ces petites escarmouches une grande somme de crédit, de prestige et de popularité.

Encore un mot et j'ai fini : on m'a raconté que dans une occasion récente où M. le sous-préfet se croyait apparemment sûr de n'avoir autour de lui que des admirateurs de son administration et de sa personne, et dévoilait dans toute leur sublimité ses appréciations et ses projets sur les hommes et les choses de son arrondissemént, M. le sous-préfet déclarait que, selon lui, ma popularité résultait exclusivement de l'habileté avec laquelle je me faisais passer, aux yeux des populations, pour être dans d'excellents termes avec l'administration et ses représentants.

En tenant ce langage, s'il l'a tenu, M. le sous-préfet commettait, sans nul doute, une confusion d'époques.

Oui, il fut un temps, sous l'Empire, ou en effet j'ai pu rechercher, — et sans m'en cacher encore, — les sympathies de l'administration, mais dans ce temps-là, l'administration était représentée par des fonctionnaires qui, par leur expérience, leur sollicitude et le tact qu'ils apportaient dans le maniement des hommes et des choses savaient, inspirer la sympathie et provoquer la confiance de leurs administrés, de telle sorte que l'on pouvait attacher à leur concours ou à leur opposition une légitime importance, mais sous ce rapport comme sous bien d'autres, les choses ont beaucoup changé.

Pour ma part, depuis le 4 septembre, je ne croyais pas, je l'avoue, avoir, à la façon dont j'ai traité successivement les divers préfets de l'Orne, et notamment M. le baron de Vaufreland, justifié l'appréciation de M. le sous-préfet ; mais, dans tous les cas, mon cher maire, vous reconnaîtrez avec moi, après avoir lu la lettre que j'ai l'honneur de vous écrire aujourd'hui, que si j'ai l'intention de passer à vos yeux pour un ami intime de ce jeune fonctionnaire, estimant, comme il le prétend, que ma popularité parmi vous dépend de ces bons rapports, j'ai de singulières façons de m'y prendre.

Recevez, mon cher maire, l'assurance nouvelle de mes sentiments affectueux et dévoués.

DUGUÉ DE LA FAUCONNERIE,
Conseiller général du canton de Noé,
ancien député de l'Orne.

Paris. — Imp. F. Debons et Cᵉ, 16, rue du Croissant.